DU TIC
AU TAC
RÈGLEMENT DÉFINITIVEMENT PROVISOIRE

Du Tic au Tac

Revue en 1 acte et 5 Tableaux

par le Lieutenant Cousin, du 23me R. I. C.

AVEC

UNE PIÈCE DE VERS, UNE CHANSON DU LIEUTENANT MAILLARD
UNE CHANSON DU LIEUTENANT MONTADERT

Jouée au Théâtre Municipal de Digne, en représentation unique,
le 14 Septembre 1920

par Messieurs les Lieutenants :

AGOSTINI, du 112e d'Infanterie.
HUSTAIX, du 12e Tirailleurs.
MAILLARD, du 6e d'Infanterie Coloniale.
CAZABAT, du 5e d'Infanterie Coloniale.
QUIQUET, de l'Armée du Levant.
LADARRÉ, du 141e d'Infanterie.
CHATELAIN, Pilote-Aviateur.
LAMBERT, du 2e Tirailleurs.
DEVEAUX, du 5e d'Infanterie Coloniale.
BAUDICHON, du 11e d'Infanterie.
BERNHARD, du 6e Tirailleurs.
GOUJON, du 17e d'Infanterie.
COUSIN, du 23e d'Infanterie Coloniale.

DIGNE
Imprimerie DAVIN

PROLOGUE

Vous souvient-il, Messieurs, du temps d'Aristophane ?
Chaque mois, au théâtre, sous un voile diaphane,
Tous les événements les plus saillants du jour
Etaient représentés et blagués tour à tour.
Nous, pauvres escholiers du maître vénérable,
Nous avons été pris d'une verve semblable.
Aussi bien, près de vous, je viens nous excuser
De trop avoir voulu, de trop avoir osé.
Pour notre pauvre esprit, l'entreprise était lourde,
Et nous avons, je crois, pondu plus d'une bourde.
Aussi, nous vous prions d'être fort indulgents
Pour nos mauvais couplets : et si charriant les gens
Nous avons, malgré nous, eu le tort de déplaire
A l'un de vous ici, il n'aura qu'à se taire
Et à se rappeler qu'à Paris, chez Bruant,
Au « Chat noir », au « Perchoir » on charrie cependant
Sans un brin d'indulgence. Or, nous garçons fort sages,
Vous l'avouez, Messieurs, sommes bien à la page
En mettant en couplets vos plaisirs, vos travers,
Vos petites manies et vos désirs pervers.
Nos vers, bien imparfaits, s'ils n'ont point la mesure
Et piétinent parfois les lois de la césure,
Suffisent cependant à bien concrétiser
De ce cours sans pareil toutes les vérités.
— Le jeu de nos acteurs n'aura, nous l'avouons,
L'allant ni le brio de ceux de « l'Odéon ».
Qu'importe tout cela ! Quant à notre commère
On ne l'a jamais vue, ni aux « Folies-Bergère »
Non plus qu'à l' « Olympia ». Et si pour un souper,
Pris d'un amour subit, vous vouliez l'inviter,
Elle ne saurait point donner à votre flamme
Le savoureux « merci » d'une petite femme.
Paquin a refusé de faire nos costumes
Et nos chapeaux n'ont point de somptueuses plumes.
L'artiste qui devait nous peindre le décor
Vient de s'y refuser, car nous n'avions point d'or
Pour payer dignement son travail futuriste.
Enfin, si l'un de vous, pris de sens humoriste,
Critique les auteurs qui n'ont point eu le trac,
Le titre les excuse. Revue : *Du Tic au Tac.*

PREMIER TABLEAU. — Scène Première.

Le Marchand de Journaux (fort accent local). — Le Journal, le Matin,
  (très intéressant le Matin), le Canard, la Gazetta del Popolo, le
  Corriere della Serra.

La Dame inconnue. — Par ici, père Giraud.

Le Marchand de Journaux. — Qui êtes-vous, belle dame, qui connaissez
  mon nom ?

La Dame. — Je suis une vieille habitante du pays, curieuse de connaître
  les nouvelles, et qui, non contente de lire vos journaux, veut
  savoir de votre bouche les faits intéressant Digne.

Le Marchand. — Eh bien, voici :

  — Aujourd'hui, 13 avril, doivent tous arriver
  Les élèves des sieurs Nicolas et Rivet.

La Dame. — Je m'en doutais et c'est pourquoi j'ai déserté
  Mon lit de fins cailloux et vous ai rencontré.

Le Marchand. — Un lit de fins cailloux ! Qui êtes-vous, Madame,
  Je m'en ne doute point ; je jure sur mon âme.

La Dame. — Mais je suis la Bléone, et lasse de rouler
  Des eaux par trop modestes, je veux voir s'écouler
  La période de cours et je veux assister
  A la revue que l'on fera sans hésiter.

Un Officier. — Je suis venu, ma foi, pour cette circonstance
  (s'avançant) Et puiser des tuyaux, plusieurs jours en avance.
  Je cherche un compère, une commère aussi.
  Soyez l'un, soyez l'autre : je vous dirai merci.

Le Marchand. — Mais je ne saurais pas...

La Dame. — Moi je n'y connais rien.

L'Officier. — Rassurez-vous tous deux, et je vous parie bien
  Qu'avant qu'il soit longtemps vous serez fort habiles
  Pour ce faire, chantez ces deux couplets faciles :

Musique (*air militaire*). Il chante :

PREMIER COUPLET.

Sans prétention, nous allons présenter
Immédiatement à l'aimable société
Le défilé du programme d'instruction
Et des prof ''sans plus de façon
Y en a de gros, de maigres, de petits,
Des barbus, des rasés et des chauves aussi.
Y en a du Nord, de Bretagne et d'Anjou.
  Y en a du Midi surtout.

Refrain.

  Y aura des mathématiques,
  Y aura la topographie,
  Y aura toute la tactique
  Le nom de tous les amphis.

DEUXIÈME COUPLET.

Si ce début vous semble décousu
N'ayez pas d'inquiétude, car ceci est **voulu.**
Après cinq mois, ayant tant travaillé
Nos pauvres cerveaux sont troublés

Refrain.

  Par toutes ces mathématiques,
  Par toute cette topographie,
  Par toute cette tactique,
  Par le nom de tous les amphis.

Scène Deuxième.

Compère — Commère — O. S.

1er O. S. — Quelle misère vraiment! Depuis deux jours que nous sommes arrivés, pas moyen de dégoter une chambre.

2e O. S. — Moi, j'en ai dégoté une sur le Boulevard Gassendi, mais à un prix un peu exagéré.

La Commère. — Ne vous effrayez pas, mon cher ami. Vous en verrez bien d'autres. La vague de vie chère a atteint Digne, qui bien qu'éloignée du reste de la France, a des commerçants et des particuliers qui font des affaires d'or.

Le Compère. — Mais oui ! Ne craignez rien. Avant qu'il soit longtemps, vous apprendrez que l'existence n'est point aussi rose que vous l'ont fait croire vos camarades de l'autre cours. Des chambres avec punaises, des repas pour lilliputiens et, pour consoler de tout cela, même pas la plus petite distraction. D'ailleurs, plus élégamment que moi, la Commère, vieille indigène dignoise, va vous tuyauter en cinq secs, et vous chanter une chanson de circonstance, que vous fredonnerez d'ici quelques semaines et qui est à l'usage de tous les O. S.

3e O. S. — Allez-y. Nous accompagnerons.

Musique. — Air : *La porte Saint-Denis.*

LA PRÉFECTURE DES BASSES-ALPES.

PREMIER COUPLET.

Lorsque la guerre eut duré cinq ans
Nous commençâmes de nouveaux temps
Et pour parfaire notre instruction
Tous nous quittâmes nos bataillons.
N'ayant pas la gloire d'être Saint-Cyriens
On nous laissa croire que nous ne savions rien
Et pour nous distraire en ce doux printemps
Nous arrivâmes pour quelque temps

Refrain.

A Digne, ce charmant patelin
Où les gens ont l'accent câlin
Ce doux accent méridional
Qui sent la lavande et l'ail.
De suite, pour nous loger
On eut soin de nous écorcher
Les chambres sont à l'œil : « Cent francs pour un lit »
C'est pour rien je vous le dis.

DEUXIÈME COUPLET.

Dès le lendemain dans le pays
Les carottes et les radis
De trois sous la botte, passent à un franc,
Les œufs, le beurre montent d'un cran.
Ah ! c'est vraiment aimable de nous considérer
Comme de nouveaux riches en costumes d'officiers
Mais sans fausse honte nous préférerions
Que vous nous offriez sans façon

Refrain.

Le vivre et le couvert gratis
Sans débourser un seul radis
Car c'est la gloire du pays
D'avoir un C. P. I.
Avec de brillants instructeurs
Officiers de grande valeur
Quant aux stagiaires, ils restent vraiment
La crème des régiments.

TROISIÈME COUPLET

Vous aviez aussi des restaurants
Aux repas vraiment truculents
Dont les prix étaient ma foi très doux
Si bien que nous y courions tous
Mais après deux semaines de ces repas charmants
Nous vîmes avec peine que journellement
Des menus superbes il ne restait plus
Qu'un souvenir assez confus.

Refrain

Mais tout en réglant l'addition
Nous vîmes pleins de stupéfaction
Que si les menus diminuaient
Les notes à payer restaient
Et au Mess comme au Rémusat
C'était le même résultat
A chaque repas « un coup de fusil »
Inoffensif, Dieu merci.

QUATRIÈME COUPLET

Mais pour nous faire oublier cela
Bien vite l'on organisa
Un dancing pas du tout clandestin
Où se réunit le gratin,
Tout ce que Digne compte de femmes vraiment chic
Voulut avoir son compte de polkas de scottish,
Et tous nous dansâmes avec un fol entrain
Jusqu'à quatre heures du matin.

Refrain

Mais la préfecture qui veillait
Déclara que de suite il fallait
Mettre bon ordre sans tarder
A de pareils procédés.
Et depuis nous ne dansons plus
Puisque ça nous est défendu.
Pour nous consoler nous goûtons discrets
De l'I. P. les doux secrets

1er O. S. — Ah ! très bien, merci des tuyaux. Il est vraiment très agréable d'arriver dans une ville nouvelle et de trouver aussitôt pour se renseigner des gens aussi gracieux, aussi aimables que notre charmante commère, et aussi chic, aussi élégants que vous-même, mon cher ami. Cette grâce du meilleur goût fait bien augurer des gens du pays.

LE COMPÈRE. — Je représente et Madame mieux encore, le Tout-Digne, celui qui fleurit à la terrasse du Gassendi, à la devanture des Galeries Parisiennes et du Bon Marché, au comptoir de Tabacs du 42, etc., etc.

2° O. S. — Oui, tout ceci est très bien, mais laissez-nous la surprise et la joie de faire nous-mêmes connaissance avec vos compatriotes et rapidement renseignez-nous sur le cours, sur ce qui nous attend dans cette majestueuse caserne et à l'extérieur.

LE COMPÈRE. — Ceci est facile. Ne vous effrayez point du programme que je vais dérouler sous vos yeux.
Le tout est de conserver le meilleur. à savoir : à l'extérieur, grignoter des pêches, des cerises. fumer une cigarette ; à l'intérieur, s'installer confortablement le dos au mur pour y dormir, y dessiner, suivant les aptitudes et les capacités de chacun et voir ainsi s'écouler rapidement les heures.

1er O. S. — Oui, je sais une chansonnette faite à l'autre cours et d'une documentation très suffisante. Je vais vite vous la chanter.

LE COMPÈRE. — Du'calme, jeune homme, et un peu de patience.

Musique. — Air : *J'ai un chien qui g..... tout le temps.*

PREMIER COUPLET.

De Digne, la pure gloire
Est d'avoir un C. P. I.
Où l'on voit, chose notoire
Des professeurs bien choisis
On travaille la tactique
Les mathématiques aussi,
L'algèbre, la balistique,
Tous les genres de fusil.

Refrain.

Avec le capitaine Saintard
On apprend sans plus d'retard
Des F. M. la puissance
Des G. C. la résistance,
De la Reine-Jeanne aux Hôtelleries
On écrabouille l'ennemi
Et l'on rentre gaillardement
Vainqueur au casernement

DEUXIÈME COUPLET.

A l'amphi de mathématiques
C'est le capitaine Lafont
Qui toujours plein de sens pratique
Nous explique les fractions
Il nous montre comment réduire
Au même dénominateur
Des fractions, cela va sans dire,
Qui ont même numérateur

Refrain.

Allons, Messieurs, écrasez-moi
Et dites-moi, sans plus d'émoi
Qu'appelle-t-on puissance ?
Il est de toute évidence
Qu'en math' il faut discuter
Pour chercher le p. g. c. d.
Et trouver le p. p. m. c.
Par la suite des nombres premiers.

TROISIÈME COUPLET.

Puis, plusieurs fois par semaine,
Dans les champs ou sur les chemins
Le capitaine Langlet nous mène
Avec la carte à la main,
Le carton en bandoulière
La gomme, la boussole pendue
Nous avons la mine fière
Et marchons tels des poilus

Refrain.

Messieurs, prenez les azimuts
Comptez vos pas jusqu'au but
N'oubliez pas l'échelle,
Les hachures, le parallèle,
L'orientation, la loi du quart
Et calculez sans retard
Avec de telles données
Toutes les coordonnées.

QUATRIÈME COUPLET.

Mais après toute la tactique
Pour bien finir la journée
Nous avons I. P. pratique
Afin de nous entraîner.
Pour nous guider en cette affaire
Le blond Monsieur Le Guennec
La moustache toujours fière
Nous explique tout d'un air pète-sec :

Refrain.

Y a d'abord la mise en train
Pour les faibles, les moyens,
Le portage, la course,
Le jeu du crabe, le jeu de l'ourse,
La mère Garuche, le chat coupé
Chacun son tour d'être porté
Et puis, avant que l'on finisse
« Bébé et sa nourrice ».

DEUXIÈME TABLEAU

La scène représente la route des Bains Thermaux. A gauche l'établissement de bains, puis la route serpente et l'on aperçoit là-haut, tout là-haut, presque à côté du château de la Reine-Jeanne une silhouette gigantesque qui va s'appuyant sur une canne.

Derrière un groupe d'O. S. monte en discutant.

Puis apparaissent encore de nouveaux O. S., dont on entend la voix.

Scène Première

Compère — Commère — O. S.

3e O. S. — 5 h. 40. Et il est toujours le premier.

Le Compère. — Qui, il ?

3e O. S. — Mais le « prof » le plus idoine de tactique. Celui chargé de nous apprendre avec une maëstria sans pareille l'Ecole du Groupe, l'Ecole de la Section, les exercices de combat, les déploiements, transbordements, débordements de la guerre de mouvement

4e O. S. — Si calé il est, qu'il domine de « haut » tous les autres instructeurs et mieux encore, l'auteur du fameux règlement provisoire du 1er février 1920.

La Commère. — Comment ce n'est point possible : être supérieur à l'auteur du Rapport au Ministre.

5e O. S. — Eh oui, gente commère, à chaque exercice, à chaque manœuvre, il nous dit d'une voix grave, en levant l'index de sa dextre : « Je démolis le règlement. Oui ! Messieurs. Je démolis le Règlement. » Et cela démontre incontestablement une supériorité marquée.

Le Compère. — En effet, chers camarades d'infortune, puisque ma Commère et moi nous sommes contraints de gravir par une température pareille la route des Bains, serait-ce trop vous demander que de vous prier de nous emmener à votre suite pour goûter un peu l'éloquence à la barbe fleurie.

3e O. S. — Pas du tout. D'ailleurs vous pourrez par la même occasion visiter le château de feue la Reine Jeanne et au charme de la conversation de notre Capitaine, viendront s'ajouter le plaisir des yeux à la vue du panorama et la volupté des narines respirant les lavandes fleuries.

La Commère. — Cela va être charmant.

6e O. S. — Ne le dites pas si vite, ni si fort. La route est longue et montueuse. Les cailloux n'y manquent point, je crains fort que vos chaussures ne résistent pas à pareille épreuve.

4e O. S. — En tous cas, si comme nous, vous gravissiez plusieurs fois par semaine les pentes qui mènent à la cote 790, vous trouveriez la corvée pénible et fastidieuse. Et vous ne seriez point longtemps à penser que la place du Tampinet ferait tout aussi bien l'affaire. Mais allons, à 6 h. 30 : Rassemblement.

7e O. S. — Gardons notre souffle et consolons-nous en songeant que grâce à la paternelle attention du Commandant du cercle nous pourrons tout à l'heure déjeuner et boire.

3e O. S. — Oui. Et ici ne sévit point la crise du papier puisque au lieu de payer, chacun de nous se contente de signer un bon.

6e O. S. (mimique expressive) — Parfaitement, le bon.... Fusilier.

8e O. S. — Enfin nous y voici et vous avez devant vous la tranchée des Tireurs, celle des Jumelles, le ravin de la Source et puis plus loin le « Purgatoire, ferme »

6e O. S. — Et maintenant au travail, sûrement c'est Goût le grand maître de la manœuvre, car vous ne savez pas, comme il est toujours en retard c'est lui qui s'appuie l'exercice.

LE COMPÈRE. — Chut, voici le grand chef qui arrive, écoutons-le parler.

> Entre un O. S. à la barbe de fleuve d'un blond doré. Il marche solennel-
> lement en s'appuyant sur sa canne qui dissimule mal une légère
> claudication. Il parle, voix grave, en s'interrompant, pour que l'on finisse
> le mot commencé. Tous se rassemblent autour de lui.

LE 9o O. S. — Situation générale : Combat de la section avec accompagnement de feux d'Artillerie, puissants et jointifs ! L'ennemi occupe la tranchée des tireurs, les ravins Sud et Nord, la tranchée de la reine, etc. La D. I...

LA COMMÈRE. — Kek c'est k ça la D. I.?

LE 9e O. S. — La Division d'Infanterie, madame, doit attaquer à l'heure **H**.

LE COMPÈRE. — Kek c'est k ça l'heure H?

LE 9e O. S. — L'heure de l'attaque, à l'heure H pour enlever cette position avec l'appui de l'Artillerie qui dans la nuit de J—1. à J...

LA COMMÈRE. — Kek c'est k ca J—1 à J?

LE COMPÈRE. — Ma parole c'est de l'Algèbre.

LE 9e O. S. — Qu'ils sont embêtants ces indigènes, dans la nuit de J—1 à J., une préparation intensive. La Cie X encadrée à gauche par une Compagnie A du Bataillon B, à droite par une Compagnie B du Bataillon A attaque sur un front de 200 mètres avec 3 G. C.

LA COMMÈRE. — Ah ! mon Dieu. Je deviens folle et je n'y comprends rien. D. I, heure H. J—1 à J. Cie A du Bataillon B, Cie B du Bataillon A, attaque avec 3 G. C. Quel cauchemar !

5e O. S. — Consolez-vous, madame. Cela dure ainsi jusqu'au Purgatoire...

8e O. S. — ...Ferme.

9e O. S. — Messieurs nous avons donc à attaquer dans la zone d'action indiquée et il importe de prendre des dispo....

3o O. S. — ....sitions.

9e O. S. — En conséquence, le directeur de la manœuvre va donner ses ordres sur l'échelo....

4e O. S. — ....nnement.

LA COMMÈRE. — Ah ! très bien...J'y suis. Ça n'est pas difficile. Dispo....

LE COMPÈRE. — ....sitions.

5o O. S. — La résis....

6e O. S. — ...tance.

La Commère. — Le débor....

Le Compère. — ....dèment.

7° O. S. --- Le déploie...

8° O. S. --- ...ment. Et cela dure ainsi pendant 2 heures et la manœuvre se termine invariablement par ces mots : Messieurs je m'aperçois que c'est encore moi qui ai parlé. Aussi, bien entendu, les types qui ne font pas de zèle ne se pressent point de répondre.

La Commère. — Mais sont-ce là les seules manies du « Directeur » ?

9° O. S. — Ah! non pas du tout. Nous les avons même résumées dans une chansonnette que je vais vous dire.

Musique. — Air : *Je l'ai mis dans du papier de soie.*

I.

Le professeur de tactique
Qui commande le groupe A^2
Depuis 22 ans pratique
Et c'est pourquoi il est fameux.

Refrain

Il faut le voir chaque matin
Arpentant la route
Avec la canne à la main
Marchant plein d'entrain.

II.

Tantôt à la Reine-Jeanne,
A Gaubert, au Rouveiret,
Grâce à sa bonne bécane
Il fait la moitié du trajet.

Refrain.

Puis on le voit chaque matin
Arpentant la route
Avec la canne à la main
Marchant plein d'entrain

III.

Comme directeur de la manœuvre
Messieurs un thème je vous ai posé
A vous de mettre tout en œuvre
Afin de le « concrétiser ».

Refrain.

Utilisez de vos F. M.
Toute la puissance
Et vous vaincrez la résistance
Grâce à votre feu.

IV.

Puis lorsqu'il est en colère
Il nous dit, très doctoral,
Les officiers d'avant-guerre
Manœuvraient beaucoup moins mal.

Refrain.

Car la guerre de tranchées,
Cela y a pas de doute
N'avait pu les empêcher
De tout déclancher.

V.

A la salle de conférences
Il pontifie, c'est certain,
Et cause avec assurance,
Géographe plein d'entrain.

Refrain.

C'est toujours avec emphase,
La chose est notoire,
Qu'il nous conte son histoire
D'un air inspiré.

VI.

Lorsque nous quitterons Digne
Nous ne saurions oublier
De ce chef, d'allure digne,
Le dévouement à nous édifier.

Refrain.

Nous penserons à sa prestance
Et à sa science.
A ses nombreuses décorations
Prouvant ses belles actions.

La Commère. — C'est vraiment bien lui et le portrait est ressemblant. Mais, dans les autres groupes, n'y a-t-il point aussi quelque chose à dire sur les instructeurs ?

3° O. S. — Si, belle dame, mais noblesse oblige, et il importait que le groupe A^2 soit le premier, car c'est là incontestablement que l'on voit les types les plus « types » dans toute la force du mot. Un « athlète complet », un « élève complet », etc. Ne cherchez pas à deviner qui, vous ne trouveriez pas.

Le Compère. — Je suis impatient de connaître la suite.

5° O. S. — A votre tour d'avoir un peu de calme, trop bouillant méridional. Nous pouvons vacharder, « giberner » même quelques instants. Mais je suis bon diable et ne vous ferai point attendre.

Musique. — Air : *La Martinique.*

PREMIER COUPLET

Près du Rouveiret,
De la Reine-Jeanne, de Champtercier,
Deux ou trois fois par semaine,
Sans le moindre émoi,
Les élèves d'un des groupes **A**
Ecoutaient le Capitaine
Parler de G. C.
De flanquements, de grenadiers,
Afin de nous initier
Aux si doux secrets
De ses nombreux cas concrets
Mais sans un très vif succès.

Refrain.

Ah! Monsieur Le Bret *(ter)*
Votre cas concret *(bis)*
N'a pas le don de nous intéresser
Bien qu' vous répétiez sans vous lasser,
Il est évident *(ter)*
Que le commandement *(bis)*
A la manœuvre ne doit pas « giberner »,
Afin de bien diriger.

DEUXIÈME COUPLET.

De bonne heure, le matin.
Quand nous sommes sur le terrain,
Il demande, la mine fière,
Par brigade l'appel,
Il connaît le rituel
De cet usage sévère
Pas verbalement
Faites-moi immédiatement
Un papier, car c'est urgent
Pour pouvoir signaler
Les O. S. qui ont oublié
Ce matin de se réveiller.

Refrain.

Ah! Monsieur Le Bret *(ter)*
Votre cas concret *(bis)*
N'a pas eu le don de les intéresser.
C'est pourquoi ils restent à roupiller.
Il est évident *(ter)*
Que ces Tire au flanc *(bis)*
Trouvent très drôle le fait de « giberner »
Ce mot les a charmés.

TROISIÈME COUPLET.

La manœuvre terminée,
La critique amorcée,
Il dit, lèvre dédaigneuse :
Ça n'est pas fameux,
Vous pourriez faire mieux,
Et d'une manière sérieuse.
Quant à vos travaux,
Que vous mettez sur mon bureau,
Il faut changer tous les mots.
Vous faites des croquis
Qui, par ma foi, sont exquis,
Grâce à la topographie.

Refrain.

Ah! Monsieur Le Bret *(ter)*
Si votre cas concret *(bis)*
N'a pas eu le don de nous intéresser
Aucun de nous ne saurait oublier
Qu'à 5 heures du matin *(ter)*
Sans nul entrain *(bis)*
Quatre fois pour un petit cas concret
Nous gravîmes le Rouveiret.

10ᵉ O. S. — Ne croyez pas avoir terminé avec la tactique, et surtout avec le plateau du Rouveiret, le ravin compris entre la Croupe du « Les » de « les Rouquets » et le ravin des « Tuileries ».

11ᵉ O. S. — Il importait, en effet, pour la crise des effectifs, d'organiser au moins trois ou quatre manœuvres de compagnie. Et, ma foi, le Colonel a eu une astuce...

LA COMMÈRE. — Je bous d'impatience. Dites-moi vite laquelle.

1ᵉʳ O. S. — Il nous a donné des bourgerons et des pantalons bleus. Et nous voilà transformés en gentlemens, en dandys, puisque la mode de la « salopette bleue » qui fait fureur à Londres est venue jusqu'ici.

2ᵉ O. S. — Oui, pour justifier la fameuse réclame « Machin habille mieux ».

1ᵉʳ O. S. — Ceci ne serait rien si, après nous avoir affublés des tenues dont on parle plus haut, on ne nous avait fait prendre des fusils, des cartouchières, des baïonnettes, des F. M., des V. B. Tout l'attirail de guerre, quoi !

LE COMPÈRE. — Ce devait être drôle.

10ᵉ O. S. — Je vous crois. D'abord, c'était le commandant qui commandait vous savez, celui qui ne veut qu'une seule teinte d'encre, sur les demandes de permission.

La Commère. — Ah ! oui, celui qui possède une chienne qui a un nom d'artiste célébre.

1er O. S. — Celui-là même, et il disait d'une voix forte : « Direction, le clocher de Courbon, rassemblement en ligne de sections par 3. » Et Mallet, commandant de compagnie, trouvait que ça n'allait pas. Et il criait : « Corrázzini, qu'avez-vous commandé ? »

Corrazzini. — J'ai commandé : Section halte.

Mallet — Votre section n'est pas alignée.

Corrazzini. — Cela ne me regarde pas, c'est l'affaire du serre-files.

Et chacun de se tordre, et le colonel de s'écrier : « On fait beaucoup trop de bruit dans les exercices d'assouplissement, on ne doit entendre que le silence »..... Et l'on repartait. Puis lorsqu'on commandait pas de route, tout le monde d'entonner :

Musique. — *Air du pays.*

D'ailleurs vous allez voir, juger par vous-même, de la grâce, du chic qu'avaient nos chers camarades de manœuvre.

Entrent des O. S. en bourgerons bleus, armés de pied en cap. Ils font le tour de la scène, au son de l'air entraînant que joue, dans toutes les grandes occasions, la musique du pays.

La Commère. — De mieux en mieux. Les scènes drôles se succèdent avec une rapidité remarquable, et j'aurais regretté toute ma vie de ne point avoir accepté ce rôle de commère si récréatif.

Le Compère. — Moi pareillement, et je m'y connais, puisque je suis journaliste. Il est certain que nous n'avons eu jusqu'à maintenant qu'un aperçu, et que le meilleur est réservé pour plus tard.

10e O. S. — Vous avez deviné juste et avant de vous dire « ce meilleur » nous allons, pour n'être pas en reste avec ces Messieurs des groupes B, dire quelque chose sur chacun. Et pour que ce soit plus gai, en l'occurence, une fois de plus, la musique accompagnera.

Air : Cadet-Rousselle

PREMIER COUPLET.

Il est aussi un professeur
Gentil garçon, mais peu causeur
Qui ne saurait à la manœuvre
Bien qu'il se mette toujours à l'œuvre
Dire pour s'expliquer
Plus que ces trois mots : le, la, les.

DEUXIÈME COUPLET.

Il est fort richement vêtu,
A un complet de fin tissu
Mais les manches de ce grand maître
Sont courtes de dix centimètres
Et c'est pourquoi lorsqu'il salue
Il nous montre son bras tout nu.

TROISIÈME COUPLET.

Lorsque son groupe au Rouveiret
Avant que de bien manœuver
Attend le cœur plein d'espérance
Des tuyaux remplis de science
Il dit : Pour se déployer
Le G.-C. 1 fait.. le, la, les.

QUATRIÈME COUPLET.

A l'amphi, samedi dernier,
Il fut chargé de remplacer
Pour parler de la grande guerre
Le commandant permissionnaire,
Mais, s'il n'avait lu ses papiers,
Tableau : Grande guerre... le, la, les.

Le Compère. — Je le reconnais. C'est lui-même qui met son képi comme ça, très en arrière.

1er O. S. — All right !

La Commère. — Et maintenant bien vite, parlez-nous du dernier, de celui qui, toujours au poignet gauche, porte un bracelet superbe et dont la cravache flexible a l'air d'un « macaroni » trop cuit.

2° O. S. — Oui, comme ceci, n'est-ce pas. A mon tour de vous charmer de ma douce voix pour le dépeindre.

Musique.   Air : La Caissière du Grand Café.

I.

Il a une belle vareuse
Des guêtres vraiment délicieuses,
Il a de nombreux boutons d'or
Beaucoup plus qu'un tambour-major.
Il a une belle chevelure
Bien frisottée, je vous l'assure,
Si bien calamistrée et de partout doré
Qu'il a l'air du chasseur du grand café.

II.

Il adore la cavalerie
Et c'est ce qui fait que l'infanterie
Pour lui, ne peut représenter
Qu'un état d'infériorité,
Et c'est pourquoi, lorsqu'il vous cause,
Il n'a pas un sourire rose
Et vous parle, ma foi, on ne peut le nier
Sur un ton un peu cavalier.

III.

A A² pour l'interrogatoire
Sur le règlement, ça c'est notoire
Il s'adressa d'un air si fier
Qu'il mit tout le monde à l'envers.
Davezan bégaya dix minutes,
Brunel manqua faire une chute,
Il n'est pas, par ma foi, jusques à Montadert
Qui fut regardé de travers.

IV.

C'est pourquoi, malgré sa vareuse,
Ses guêtres vraiment délicieuses,
Malgré ses nombreux boutons d'or,
Sa taille de tambour-major,
Malgré sa belle chevelure
Ne croyez pas la chose est sûre
Qu'aucun de nous ma foi ne saurait oublier
Le grand chasseur du grand café.

Entre un élève porteur de nombreux appareils.

11° O. S. — Et puis ça n'est pas tout. Aux charmes de la manœuvre, malgré la canicule, s'ajoute la douce joie de la topographie.

Vous partez, muni d'un tas d'appareils bizarres, planchettes, déclinatoires, alidades, perpendicules, papiers remplis de formules et vous ralliez le fameux chemin de Marcoux. Là, Messieurs, le distingué capitaine professeur s'amène, vêtu de gris fer, guêtré de jambières spéciales (vous savez bien, fendues par devant), modèle non breveté Langlet, à l'encontre de la pince porte-boussole du même nom.

Et vous écoutez, et vous restez sous le charme de cette voix si chaude, si prenante, dont le flot coule avec une telle facilité que vous en êtes submergé, inondé, noyé.

« ....Vous avez à dessiner le mouvement de terrain à l'Ouest de la route, Ben, voilà comment vous procédez :

Vous choisissez votre point de station, vous installez votre planchette, vous déclinez votre dessin et vous faites vos visées avec « l'amidale », comme dit le distingué O. S. à la moustache conquérante.

Auparavant, bonne affaire ! vous prenez un bout de papier et vous dessinez approximativement votre mouvement.

Là, bon ! La maison à toit rouge....., la maison à toit rouge..... Plus loin, à droite, le gros arbre en boule, de couleur sombre...., de couleur sombre......, le petit fanion que j'ai fait placer.

Puis l'éperon.... Ah ! l'éperon, bonne affaire ! bonne affaire ! Le thalweg ! là où il y a de l'eau, y a un thalweg. Là où il y a un thalweg et de l'eau, y a de la verdure ; par conséquent le groupe de buissons que vous voyez là-bas est un thalweg. Et voilà ....

Vous pouvez ensuite comparer vos visées avec le mouvement à dessiner.

Cela pour le nivellement.

Quand il s'agit de planimétrie, cela ne varie guère.

L'escalier ! Ah ! le fameux escalier sous la voie ferrée. Bonne affaire ! Eh bien, un escalier, c'est un passage pour piétons..... et vous faites un passage pour piétons.

Ça n'est pas plus difficile que ça.

Et il vous dit toutes ces choses avec un air terrible et l'on se rappelle le mot de ses tirailleurs, alors qu'il était tout là-bas, dans les bambous de l'Indo-Chine : « Même chose Tigre ».

Et il marche si gaillardement, d'un air si convaincu, que l'on se prend à fredonner sur l'air de *l'Hymne de l'Infanterie de marine* et pour mieux marquer la cadence :

Musique. — Air : *Hymne de l'Infanterie de marine.*

Je suis le brillant topographe,
Grand instructeur au C. I. P.
Je n'ai jamais fait une gaffe.
Grâce au bouquin que j'ai écrit.
Il y a dedans, je vous l'assure,
Tous les procédés de mesure :
Curvimètre, boussole, compas,
Podomètre, échelle de pas.

Refrain.

Pour faire un brillant topographe,
Il faut avoir un pantographe,   *bis*
Un carton, puis un gant
Où l'on met tout dedans.

La Commère. — Mais, me direz-vous, mes chers amis, avant de nous quitter, où se rendent chaque soir, vers 18 heures, toutes ces dames d'officiers, semblables à de clairs papillons ?

8° O. S. — Mais, chère Madame, toutes ces dames, qui constituent, ô combien ! le « Tout-Digne », se rendent tout doucement au Stade Municipal, cette délicieuse place où dominent par dessus tout les poussières de mâchefer et les délicieux effluves du Mardaric.

C'est là que le grand professeur de culture physique est chargé de transformer en muscles toutes les proéminences adipeuses, de rendre harmonieuses les lignes du corps humain et de nous préparer tous aux futurs concours des Jeux Olympiques.

Pour ce faire, nombreux sont les moyens employés. On marche en reptile, on marche en canard, on court à quatre pattes et l'on se prépare même au métier de nourrice sèche puisque chaque séance comporte inévitablement le petit jeu très drôle de « Bébé et sa Nourrice ».

4° O. S. — D'autant plus drôle, que c'est généralement Cousin qui porte Deveaux, le frêle et menu Deveaux.

La Commère. — Mais je suis curieuse et voudrais bien assister pendant quelques minutes à l'une de vos séances.

5° O. S. — Vous allez être satisfaite, car voici précisément la meilleure brigade, la 4°, celle qui excelle plus particulièrement au basket et au voley-ball, qui vient prendre ici sa leçon.

Entrent des O. S. qui, en tenue de gymnastique, exécutent des mouvements dissymétriques au son de la musique du pays.

RIDEAU.

TROISIÈME TABLEAU.

LE COMPÈRE :

Toujours il potassait. Lorsque la nuit venue
Amenait le repos, le silence partout
Dans son bureau, tout seul et perdu dans la nue,
Il caressait son rêve et le trouvait bien doux.
Pouvoir, chaque matin, monter l'allure fière
Dans un petit tramway ou dans le noir métro,
Venir de Montparnasse ou de place Pereire
Jusqu'au grand bâtiment, refuge des héros....
..... Franchir avec orgueil le portail centenaire
De la maison où Foch professa dans un temps,
Etre élève, en un mot, de l'Ecole de guerre,
Espérer les étoiles avant qu'il soit longtemps.....
..... Hélas ! Désillusion ! Sur la liste officielle
Des bienheureux admis dans l'endroit sacro-saint
Point n'existait son nom, et la chance infidèle
Déjouait malgré lui son sublime dessein.

Un temps. Soudain l'élève se lève et les yeux au ciel aperçoit un somptueux uniforme, képi, bâton de maréchal, qui s'approche lentement. Il s'écrie :

Adieu, rêve charmant ! Adieu, songe doré
Qui berçait les espoirs auxquels j'ai aspiré !
Adieu, mon beau képi ! Adieu, mes sept étoiles,
Adieu, mon cher bâton ! De pleurs mon œil se voile....

(La vision disparaît) Il retombe assis, accablé.

LA COMMÈRE :

Par pitié, mon ami, calmez donc vos alarmes
Et, en hâte, séchez rapidement vos larmes.
Le sort en est commun, pour les gens les meilleurs,
Ils voudraient des étoiles et n'ont que leurs lueurs.

SCÈNE DEUXIÈME.

Compère. — Commère. — O. S.

11ᵉ O. S. (à voix très basse). — Messieurs, comme suite à l'exercice pratique d'hier, nous allons voir aujourd'hui le nivellement, et particulièrement le plan relief.

3ᵉ O. S. — On n'entend pas dans le fond.

11ᵉ O. S. (haussant le ton). — C'est la bonne affaire pour vous imposer silence. Pour le plan relief, ah ! ben voilà. Le plan relief, il est comme l'aviateur ; il travaille dans les trois dimensions : longueur, largeur, hauteur.

Vous supposez le terrain semblable à un œuf dur que vous découpez en tranches dans un plan horizontal. Ces tranches sont parallèles, naturellement.

Toutes ces tranches superposées sur le papier vous donnent le dessin du terrain.

Eh ! bien, pour faire un plan relief, c'est très simple. Vous disposez de planches, d'u e scie, d'un marteau, d'un grand clou et de « plastiline ». Ah ! la plastiline ! Vous savez pas ce que c'est : c'est de la pâte à modeler.

Vous prenez donc la courbe 6, qui est la plus basse. Ah ! bon, voilà, elle est pas toute ronde, vous savez. Là, elle rentre un peu ; bon, elle remonte, elle redescend. Voici la courbe sur la planche. Vous attrapez votre scie, et allez donc.....

Nous obtenons ainsi le premier élément.

Pour passer alors à la courbe 8, vous faites la même chose. Auparavant, j'oubliais, vous avez pris votre élément, vous avez pris votre clou, et en avant, pan, pan. Ça y est.

La courbe 8, ah ! cette courbe, elle est folichonne, elle descend, elle passe au pied de la maison, elle contourne le thalweg. Enfin vous l'avez pigée, vous reprenez votre planche, vous reprenez votre scie, vous sciez, vous enfoncez le clou et vous avez le deuxième élément.

6ᵉ O. S. — C'est rigolo.

11ᵉ O. S. — Cause toujours, tu m'intéresses.

Je continue. Vous passez à la courbe 10. Le clou, la scie, le marteau. Et votre plan relief prend tournure.

C'est alors qu'intervient la plastiline. Après avoir fait le menuisier vous faites le maçon.

Vous empoignez la truelle et va que je te colle toutes les faces, sans quoi, ...turellement, ça branlerait dans le manche.

Et, voilà, vous avez un plan relief.

(Il le présente).

LE COMPÈRE. — Cela ressemble beaucoup plus à un Saint-Honoré.

11ᵉ O. S. — Ça n'est pas tout. J'ai des tas de petits trucs à moi, et comme je suis bon diable, je m'en vais vous les enseigner.

D'abord, il y a l'orientation. Vous n'avez pas de boussole, vous êtes dans le bled et comme il est l'heure de la soupe vous voulez absolument trouver votre chemin.

Vous prenez votre montre ou plutôt celle-ci qui est de mon invention, fabriquée chez Vion.

Vous placez la petite aiguille, jusqu'à ce qu'elle recouvre son ombre, et vous avez le Nord indiqué par la bissectrice de l'angle que fait la petite aiguille et le chiffre 12.

Je vous parlerais bien encore de l'influence de la pression atmosphérique. Vous savez bien, l'air est composé d'hydrogène et d'oxygène et d'autre chose dans la proportion de 1 %, et nous avons une épaisseur de 10 kilomètres sur nos têtes. 10 kilomètres d'air ! Ouf ! et n'être pas incommodé !

Mais passons à la mesure des distances. Beaucoup de procédés : D'abord celui de compter les pas. Vous partez tranquillement... 25, 26, 27...60...100. Ah ! bon je fais 125 pas pour 100 mètres. Donc 100 pas, cela fait 80 mètres.

6° O. S. (irrévérencieux). — Mon Capitaine, Goût a trouvé mieux que cela. Pour s'éviter une fatigue, il surveille le premier civil qui passe et sans rien dire, il compte les pas qu'il fait. C'est une astuce.

11° O. S. — Vous avez fini. Bon je reprends.

Mais encore et surtout, le clou des procédés est le dromomètre. Vous savez bien, le petit cerceau d'enfant avec sonnette. Chaque fois que le cerceau a fait un tour, vous entendez : drin drin ! Comme le cerceau est un cercle, que le tour du cercle égale $2 \pi R$ vous multipliez par exemple : $0, 60 \times 3, 1416$, et vous savez que chaque tour de cerceau vous donne 1^m88496.

C'est vraiment la bonne affaire et sans vous creuser la tête, vous avez l'appréciation des distances. Voyez plutôt.

(Entre un élève porteur du dromomètre). La musique joue.

LA COMMÈRE. — On ne s'ennuie pas avec votre professeur et ses procédés révèlent des manies vraiment drôles.

11° O. S. — Ah ! mais ne croyez pas, Madame. que s'arrêtent là les procédés et les exigences du capitaine Tapir.

Il en a tellement, que leur ensemble a demandé quatre grands couplets où, avec la conscience qui sied à des élèves désireux de faire de bons topographes, nous avons tout passé en revue.

Musique. — Air : *Monsieur Tommy.*

I

Voilà qu'un jour, dans un amphi,
Vint un monsieur d'une escouade suivi,
Donnant des ordres à ses porteurs
Il avait l'air fin connaisseur
Curiosité ! Ils déballèrent
Des plaques tournant's, dès bois. du fil de fer.
C'est un prof' de physique on s'dit
Jusqu'à ce que l'on entendît.

Refrain

J' suis Langlet, prof' au C. P. I.,
De topographie
N'ayez pas peur de cette camelote
Ça ne sert que pour les cotes
Oui, Messieurs, pour topographier
Rien de plus aisé
Quand on a de la bonne volonté,
Un' ficelle et surtout l' gant Langlet

II.

Très épatant's ses conférences
Car il a l'don d'une superbe éloquence
Et puis bien d'autres qualités
« Moi je n' sais pas », mais vous trouv'rez.
D'ailleurs, Messieurs, mieux qu'un graveur
Deux mots suffisent pour marquer sa valeur,
En Indo-Chine, haut comme une table,
Topographe il était remarquable.

Refrain

J'suis Langlet, prof' au C. P. I.
De topographie.
C'est très simple, moi « j' sais pas ».
Pas du tout besoin de compas
Pas la peine de savoir dessiner
Pour topographier
Il suffit de cette qualité
La conscience et aussi l'gant Langlet

III.

Il est aussi comme bien d'autres
Un convaincu ! Qu'voulez-vous c'est pas d'sa faute.
La topographie il l'honore
Car il n'a jamais perdu le nord
Et philanthrope sa seule pensée,
Est des bienfaits de la topo nous combler.
Aussi chante-il sur tous les airs :
Demandez le quadrillage Lambert !

Refrain

J'suis Langlet prof' au C. P. I.
D' topographie,
De cioquis, d'planimétrie
Géodésie, cartographie
Mes amis pour topographier
Pas d'boussole Peigné,
Simpl'ment la boussole Langlet,
La ficelle et aussi le gant Langlet.

IV.

Dans la nature, le cœur ému,
Il faut le voir dans sa grise tenue
Se balader, comptant ses pas
Azimutant, moi « j'ne sais pas »
Si la nature comme je l' présume
Est aussi chère à son cœur qu'à sa plume
Je me demande par quel moyen
Est mû ce savant technicien

Refrain

J'suis Langlet, prof' au C. P. I.
D'topographie,
Fleur au bec, sur le terrain
Mais pas de canne à la main.
Vous m'verrez pour topographier
N'utiliser
Qu' le carton Langlet, la boussole Langlet,
La ficelle Langlet et le gant Langlet.

4° O. S. — Ah ! cet amphi Clémenceau, quelle célébrité n'a-t-il pas acquise pendant cette période de cours. La plus vaste salle de l'établissement, d'un confort remarquable. Au premier rang, des gens assis à leur aise et accoudés à de larges tables. Derrière la masse des élèves juchés sur de vieux bancs branlants tels des perroquets sur leur perchoir et empilés avec ça comme des sardines dans un tonneau. Et l'on sue et l'on cuit. Et c'est pourquoi l'on savoure davantage toutes les douces choses que l'on nous y conte.

De la topo, de la géographie, de l'histoire, du français...

2° O. S. — Mais oui, de l'histoire et de la littérature. Très bien. D'autant plus intéressant que c'est là le rayon des « huiles ». Les Commandants seuls daignent nous initier aux campagnes de Napoléon, à la morale cornélienne, aux mystères difficiles de l'établissement d'une demande de permission. Tant de lignes au-dessus.... Tant de lignes au-dessous, etc......

Et des gestes avec ça, un poème....

Jugez-en :

Musique. — Air : *Dans mon pays.*

I.

C'est le Commandant Didierjean
Qui causant fort élégamment
Nous enseigna le poème didactique,
La pléiade, le roman, la poésie lyrique
Sur la Bruyère
Et sur Molière
Et sur Madame de Sévigné
Il nous fit un cours vraiment très soigné
Que tous écoutions avec attention.

Refrain

Le Commandant,
Garçon charmant,
Conférencier toujours plein d'mouvement,
De la main gauche son baudrier remontait
Et de la main droite son lorgnon arrangeait
Et sur sa chaise, fort à son aise,
Il gigotait tel une punaise,
Puis lorsque parfois il demandait :
Parmi ces messieurs qui est-ce qui lit bien ?
Avec entrain, ça c'est certain
Tous en chœur appelaient : « Cousin »

II.

Puis le Commandant Fusilier
En histoire nous a édifiés
Sur les guerres de Bonaparte en Italie,
En Autriche, en Russie et à Paris aussi.
Par son sourire,
Par son accent,
Il fut ma foi très convaincant
Et tous nous garderons le souvenir
Des amphis, où avec plaisir,

Refrain

En rigolant,
Montrant ses dents,
Il nous enseigna rapidement, vlan !
Comment les Boches furent vaincus,
Les Italiens, les Russes confondus.
Avec sa règle à la main
Et d'un geste tout plein d'un mâle entrain
Il nous enseigna le chemin
Que dut prendre, pour ne pas déchoir,
En conjugant le verbe « trop choir »
Le général Trochu un soir,

8° O. S. — Mieux encore, c'est là que le Grand Manitou de la maison daigne, de temps à autre, nous rendre visite pour nous causer paternellement et faire ses petites remarques. Par exemple, tenez : « Dites-donc, dans le fond, est-ce que vous voyez bien ? — Monsieur Fusilier, voulez-vous faire lever la carte de droite ? » Ou bien, en mathématiques :

« Il n'y a pas de craie et de chiffon pour le tableau. Allez donc me chercher l'officier de casernement ou l'adjudant de semaine. »

Après la visite d'un as quelconque :

« Après une conférence aussi intéressante... » Ou bien : « Monsieur Un Tel a bien voulu venir... » Ou encore : « Monsieur Hennegrave, dégagez le tableau et montrez avec votre bâton ou votre cravache. On verra mieux. » « Le planton, asseyez-vous. Vous empêchez la lumière d'éclairer le tableau. »

LA COMMÈRE. — Vraiment je suis curieuse de le connaître un peu mieux. N'auriez-vous pas à son usage, comme à celui de tous les autres professeurs qui ont déjà défilé un petit couplet qui le « concrétise »?

8° O. S. — On ne sait rien vous refuser. Vous êtes si belle !

Musique : *Air connu.*

I.

Quand vous voyez au loin une paire de moustaches,
Un képi rouge et bleu, une belle cravache,
Vous vous dites : C'est le colon
Qui nous rend visite
Voir si ça va vite
La période d'instruction.

II.

Sur son fier alezan, il trotte plein de grâce
Et connaît les chemins qui mènent à Saint-Pancrace,
A la Reine-Jeanne, au Rouveiret
    Où chaque semaine,
    Nous avons la peine
    De venir manœuvrer.

III.

Puis, lorsqu'à Clémenceau ont lieu les conférences,
Il ne manque jamais d'avoir la présidence
Et de faire un petit discours,
    Fleur de réthorique,
    Plein de sens pratique
    Et suffisamment court.

LE COMPÈRE. — Mais je voudrais vous demander.... Ce grand chef est bien celui qui, pour le 14 juillet dernier, remit solennellement sur la place du Pré-de-Foire, le Palais-Royal dignois, de nombreuses décorations, au son des refrains entraînants de la musique du pays.

4º O. S. — Parfaitement. Même, vous ne savez pas..... Comme tous, ici nous sommes des officiers de la guerre, c'est-à-dire ayant gardé de notre existence de troglodytes (après cinq ans de guerre), un oubli complet des manières chic, et plus particulièrement du maniement du sabre, instrument aussi inesthétique qu'encombrant il fut décidé qu'avant la revue, aurait lieu une répétition générale et cela permit de jouir deux fois du spectacle de cette revue et de faire le petit couplet que voici :

Musique. — Air : *En r'venant de la revue.*

I.

Le jour de la Fête Nationale,
Craignant de nous voir vasouiller
On nous fit faire la parade
Dans la grande cour du quartier.
Le grand maître de la manœuvre
Etait le commandant Didierjean
Qui sut faire mettre tout en œuvre
Pour apprendre du sabre l'maniement
    Et le jour de la revue,
    On en mit plein la vue
Aux indigènes de la préfecture
Qui n'avaient pas la chose est sûre
    Assisté, de leur vie,
    A pareille cérémonie
Et applaudirent gaiement
Des officiers tous les mouvements.

Refrain.

Gais et confiants
Nous allions triomphants.
Pour la France en avant
Bombant le torse
    Et le colon
Etait plein d'émotion
De voir du C. P. I. toute la force.

La Commère. — Très bien votre couplet ! Mais est-ce là tout ?

2° O. S. — Ah ! voilà, gente dame. Vous n'êtes pas initiée au mystère des charrettes fleuries. Patientez et vous allez voir dans un instant les somptueuses voitures arrangées par une équipe spéciale de camouflage et figurées en l'occurence par nos braves voiturettes de mitrailleuses.

Entrent des voiturettes fleuries et camouflées qui défilent. — Musique.

La Commère. — Vraiment, je ne regrette point de vous avoir suivi malgré la température, au cours de vos pérégrinations, car l'on ne s'ennuie pas avec vous. Vous dites les choses si drôlement que mon confrère et moi, n'oublierons jamais les bonnes heures.....

Le Compere. — Jamais, certes, jamais.

8° O. S. — Mais mes amis, vous êtes trop pressés. Nous n'avons vu encore que la moitié des êtres et des faits saillants de ce C. P. I. Je dirai même que nous gardons pour la bonne bouche, le meilleur, celui chargé de transformer en bosses toutes les alvéoles de notre crâne, de nous initier aux doux mystères des mathématiques, des lois de la dispersion, dans l'intimité de nous inculquer le bridge qui découle des mathématiques, et en tant que vieux Dignois, de nous entraîner à sa suite dans les fourrés et les bois des environs à la recherche d'un hypothétique gibier. Ce qui ne lui enlève rien de ses qualités de conférencier. Voyez T. S. F.

« Monte, monte, monte. Descends, descends, descends. Viens ici viens ici. Et le train d'ondes monte, descend, vient.....

..... Puis vous avez le détecteur avec sa galène. Devenue conductrice, la galène laisse passer le Polonais et empêche de passer le bolchevik. Puis le bolchevik passe et le Polonais ne passe pas.....

..... Enfin, dans un train, vous n'avez jamais eu l'idée de mettre la locomotive en queue. En queue, vous mettez le fourgon avec le serre-frein. « Au bout du quai, les ballots ».

« Il est de toute évidence » que si vous montez dans un train en sens inverse de sa marche, vous faites Charlot, et vous vous cassez la figure.

Tout cela ne l'empèche pas d'être le plus gentil garçon et le plus apprécié de nous tous.

Voyez plutôt :

Musique. — Air : Cousine.

I.

Le professeur le plus sympathique
Possédant un fort gentil petit accent
Nous enseigne la balistique
Toutes les mathématiques et l'armement.
Il est natif de Nîmes
Cela se voit à sa bonne mine
Et quand on le mime
C'est toujours avec un vif succès.
Il nous enseigne, garçon discret,
Des mitrailleuses les secrets.

Refrain.

Le pitaine (bis)
Pour discuter jamais en peine,
Le pitaine (bis)
Laffont est un chic garçon.

II.

C'est un bridgeur très remarquable
Et lorsqu'il vous annonce « Deux sans atout »
Tous les joueurs autour de la table
Disent en chœur : « c'est princier », qu'en pensez-vous ?
C'est un rude adversaire
Qui jamais, non, ne se laisse faire.
A carreaux, à pique
Il réalise toujours de nombreux tricks
Trèfle, cœur, ou bien sans atout
Il fait petit schlem partout.

(au refrain)

III.

Il « balbutie » quelques mots de tactique
Lorsqu'il fait un exercice de liaison
Et ne donne que des tuyaux pratiques
Sur tous les indicatifs de la Division,
Savant colombophile
Il a des pigeons automobiles
Et la manœuvre file
Du Purgatoire-ferme au Feston.
Simon est le Général de Division,
Car il a réparti savamment la mission.

(au refrain)

IV.

Le dimanche, il part à la chasse,
Dès deux heures du matin, il est équipé.
Ça n'est pas pour chasser la bécasse
Mais bien pour en découdre avec les sangliers
A vingt kilomètres
Il part avec des chasseurs qui sont des maîtres
Mais quand il faut mettre
Nombre de pièces au tableau : Toujours zéro
Et le soir, il rentre harassé
Mais recommence sans se lasser.

(au refrain)

Le Compère. — Est-ce tout cette fois ?

10° O. S. — Ah ! mais non ! Ne croyez pas que ce soit tout. Pensiez-vous donc être quittes à si bon compte. Vous imaginiez-vous que l'algèbre, l'arithmétique, la topographie, la géographie, voire même les laïus interminables concrétisés sur la Reine-Jeanne et le Cousson, laïus qui nous faisaient bâiller (ô combien), suffiraient à remplir toutes les cases de l'emploi du temps.

Si cela est, vous aviez des illusions : et pour nous distraire tout en nous instruisant, M. le général commandant la XV° région décida de nous envoyer ce qu'il y a de mieux dans l'armée, à savoir dans l'ordre : Un artilleur, un cavalier, un aviateur.

L'artilleur, Messieurs, ah ! l'artilleur, ce qu'il fut drôle, mais lamentable. Son dactylographe avait omis de tout écrire en majuscules et malgré son lorgnon, le chef d'escadron ne pouvait lire. Quelle catastrophe ! Et pour pallier cet impair, pour éviter que Sicard ..nage (ça n'est pas de moi, d'ailleurs), il entremêla la conversation d'une documentation pharmaceutique (la vaseline) et charcutière (la saucisse) d'observation autrement dit «drachen».

Si bien que l'artillerie finit en.... tonnerres et en rafales de rires. Et sans s'en faire un brin :

Musique. — Air : *Le Biniou*.

> L'artilleur l'âme pure
> Regagna sa garnison
> Ayant rempli sa fonction.
> Aucun de nous, je vous le jure,
> N'oubliera plus tard
> Le père Sicard.

4° O..S. — Puis ensuite, Messieurs, ce fut la cavalerie : un beau colonel de chasseurs, moustache fière, bottes superbes.

Ah ! Messieurs. Ces conférences ne ressemblèrent point à celles de l'artilleur.

Quels beaux discours. Quelles fleurs de rhétorique, entremêlées aux choses ardues de la tactique et de la manœuvre.

Sous le charme nous restâmes tous à la lecture, si lente, si lente, si posée, qu'après chaque phrase le conférencier avait le temps de prendre une pastille de « Sen-Sen-Gum ».

Il nous semblait entendre le récit de Tartarin, chassant la panthère mais cette fois aux alentours de Tarascon.

Si probants, si convaincants furent les laïus que depuis la visite du Colonel Boucher, nous nous surprenons à fredonner sur l'air des *Cloches de Corneville* ce refrain léger :

> La Cavalerie
> De l'Infanterie
> Fut le soutien un peu partout
> Grâce à cette arme
> Nul ne s'alarme
> Les cavaliers arrêtent tout.
> La Marne et l'Aisne
> Sans nulle peine
> Furent gagnées, ah ! quelle veine,
> Et Epernay, Château-Thierry
> Furent sauvés par les cuirassiers

8° O. S. — C'est même ce qui a permis au colonel de rééditer le mot du vieux Montluc : « Il fallait battre l'ost, quand on savait ce que faisait l'ost »

8° O. S. — Enfin pour continuer cette belle série documentaire, nous vîmes l'aviateur. Comme nous l'attendions tous avec anxiété ! Comme nous étions impatients de voir enfin, de voir de près, un de ces as... si vantés.

Notre surprise fut grande. Point de képi jusqu'aux oreilles. Point de cravate mauve sur chemise et vareuse ouvertes. Non ! Un simple capitaine kaki.

Ah ! Messieurs, à l'amphi quelle vélocité, quelle vitesse de propulsion dans la lecture de sa conférence ou plutôt de celle du commandant Brocard. 1200 tours, plus que le régime normal d'un moteur de 300 chevaux. Placés dans le fond de la salle, nous n'entendions que quelques mots.

« Oui, Messieurs, tout est dans l'excès de puissance. Alors vous montez au-dessus du Boche, vous tournicotez et vous le sonnez.

Puis encore : « Vous fantassins vous aviez l'angoisse dans la tranchée. L'aviateur, lui en a de multiples :

Les boulons qui se dévissent ;

Les magnétos qui se dérèglent ;
Le fuselage qui se desserre ;
Les toiles qui se déchirent ;
L'aviateur qui se dégonfle.
Et puis, Messieurs, dans les débuts, la mitrailleuse n'avait que 47 cartouches à tirer. « C'était écœurant. »
Enfin la règle imposée : Les vols du lever au coucher du soleil.

FORCIOLI (en extase). — Comme la pêche à la ligne.

3e O. S. — Puis pour vous distraire quelques mots d'argot aviateur.
« Personne ne s'en ressentait » pour le Spad biplace, vous savez celui où le passager est assis dans un panier en avant de l'hélice.
Pour terminer : « Vous descendez en vrille et à 30 mètres vous remettez la sauce ». Puis le grand mot de la fin :
« L'avion c'est du feu qui vole. »

UN COMMANDANT. — La cuisine roulante, c'est du feu qui cuit.

3e O. S. — Pour clore cette conférence, nous terminerons par un petit couplet sur l'aviateur :

Air : *Chanson des soldats de Faust.*

Gloire immortelle à ces braves gens
De Dédale, d'Icare les fiers descendants.
Dans cette guerre ils furent les meilleurs.
Hurrah pour les aviateurs (*bis*).

5e O. S. — Quelques mots à mon tour sur les derniers venus et qu'on ne saurait oublier sans manquer à toutes les règles de la politesse. Ne serait-ce que pour tirer une morale... didactique.
Après le feu qui vole, après le feu qui cuit, nous eûmes : « la canne de feu qui vole ».
Le lance-flammes, à la voix tonitruante et à la mine rubiconde.
Détails nombreux sur la composition du produit. La « gomolaque, » le « perchlorate » etc. etc. et avec ça il n'ignorait pas les....liaisons malencontreuses. Mais bonne tête...
Puis le tank, qui nous initia aux mystères des chars mâles, des chars femelles, des charrieurs, des aptitudes à charrier.
Mais là où elles se manifestent par-dessus tout, c'est de songer que Ludendorff a écrit : « Les chars ont obligé le Boche à faire la paix ».

Musique. — Air : *Tararaboum*

Appelez-vous tankeurs,
Artilleurs ou charrieurs,
Cela vous est égal
Et ne fait pas de mal.
Mais je crois que vous attigez
Et que vraiment vous charriez
Lorsque vous déclarez :
« La guerre nous avons gagné »

La Commere. — Tout ceci est fort bien et spirituel. Mais il me semble que l'un de vos personnages, si sympathique au 2e tableau, n'est pas revenu depuis longtemps. Ses aptitudes s'arrêteraient-elles à ceci :
— Dispo....sitions. Déploie....ment .
Il m'a semblé avoir ouï dire qu'il excellait dans la conférence !

9e O. S. — Ceci est vrai, madame, et vous ne vous êtes point trompée. Mais où il excelle par-dessus tout, c'est dans la conférence morale. Tenez...
« Ah ! Pour habiller vos recrues. quand elles nous arrivent au quartier, il faut une pipe, du tabac, des allumettes, une table, une chaise, un banc.
Je dis bien une pipe, du tabac, des allumettes, une table, une chaise, un banc.
Vous allez voir tout de suite pourquoi :
Châtelain, venez ici.
Voilà. Vous êtes un jeune soldat et l'on vient de vous coller une paire de godillots, une culotte, une vareuse. Mettez-vous à six pas.
Je ne vous vois pas bien. Montez sur le banc ! tournez ! Non. Ça n'est pas ça, mettez-vous sur la table ! Tournez ! Levez les pieds. Voici qui est bien... Voilà. messieurs, un soldat habillé. Je vois bien ainsi les défauts de son costume, et voilà pourquoi il faut une table, une pipe, des allumettes, une chaise, un banc. Votre colonel rouspètera peut-être un peu la première fois. Qu'à cela ne tienne, il s'apercevra vite que votre méthode est la bonne.

Le Compere. — Sera-ce tout, cette fois ? Après un pareil programme déroulé en une seule semaine, vous devez être fatigués.

La Commere. — Oui ! Après avoir tactique, mathématiques, balistique, topographie, histoire, français, instruction physique et conférences morales ou non, vos pauvres cerveaux doivent éclater.

8e O. S. — Eh bien ! Non ! Cela n'est pas suffisant et la semaine n'est virtuellement terminée que lorsque le samedi soir, pendant près d'une heure, a lieu la poule à l'épée.

La Commere. — Je suis curieuse de voir ça, avant que d'aller goûter jusqu'à lundi un repos bien gagné.

8e O. S. — Poule à l'épée.

Ainsi le samedi, malgré une semaine
De durs et longs travaux, dignes d'une épopée,
De valeureux champions, que n'effraie nulle peine,
S'alignent pleins d'ardeur pour la poule à l'épée.
Tout près au premier rang le Colonel préside
Ayant à ses côtés son bel état-major
Prêt à juger des coups et chercher ou réside
La justesse ou la force en les différents corps.
Grand-maître du combat, un brillant capitaine
Au lorgnon chevauchant un nez très effilé,
Ajuste les épées et la figure amène
Demande : « Etes-vous prêts » et aussitôt « Allez ! »
A ces mots, vaillamment les deux champions s'élancent,
Battent du pied très fort, afin de s'effrayer,
Reculent de trois pas, puis de trois pas s'avancent
Et continuent un grand moment à ferrailler.
Puis soudain : « Halte là ». Le capitaine a dit :
« Monsieur Gauthier touché par Monsieur Izoré.
Nos 1 et 2. » A ces mots, ont bondi
Aragon, un géant, Hustaix, un blond doré.

Aussi vaillants et beaux que deux des mousquétaires,
Aragon est Porthos, Hustaix est Aramis.
Et tous de demander et les voix de se taire,
Qui gagnera : Hercule ou le frêle Adonis ?
Le combat commence, semblable à la bourrasque,
Aragon fait du bruit, tape très fort du pied,
Aussi puissant et dangereux que la Tarasque
Mais rude est son travail, car rude est l'équipier.
Hustaix serre les dents ; une mèche folâtre
Sur sa tête dressée fait qu'il paraît un coq.
Tellement combatif, tellement opiniâtre
Qu'il touche Aragon ; et ce n'est pas du toc.
..... Puis le combat fini, de sa voix monotone,
L'arbitre dit les noms de ceux qui sont vainqueurs :
« Monsieur Hustaix, premier, Aragon, le deuxième,
Le troisième Izoré. » Quel est donc le dernier ?
Vous l'avez deviné, Messieurs. Toujours le même,
Celui que nous croyions si fort : Monsieur Gauthier.

RIDEAU.

QUATRIÈME TABLEAU.

L'Enterrement du Cas Concret

Au cimetière de Digne. Parmi les tombes, celle du cas concret.
Entrent des O. S. équipés, l'arme sous le bras, suivant le
récitant, que précèdent les pleureurs, vêtus à l'antique et
tenant en mains de longs rameaux. Le grand-prêtre porte
précieusement devant lui, sur un linge sacré, le règlement.
1920. *Marche funèbre.*

LE RÉCITANT :

Dignois, nous t'en prions, n'élève point la voix :
Un peu de nos esprits est là sous cette pierre...
Car, emportant la vie et l'ardeur de cinq mois,
Le cas concret est mort et git dans une bière.

Et cependant il fut de clairs matins d'été
Où sous l'aspect sérieux d'un rude capitaine,
Il disait tour à tour avec facilité
L'us des bons flanquements et de la vue lointaine,

Le sens mystérieux de tous les mouvements,
L'élan de l'offensive et des souples attaques
Et la reconnaissance aux longs cheminements
Et l'art de pénétrer les subtiles abaques.

Cas concret ! Cas concret ! C'est toi qui, cependant,
Nous as fait arpenter, au cours de vingt voyages,
Les chemins rocailleux, sous le soleil ardent
Ou sous les cieux chargés de menaçants orages.

Mais si du Purgatoire au Rouveiret compris
Tu nous a dirigés par les midis de flamme,
Tu nous a fait aussi vadrouiller dans les nuits
Pour que soit mieux gravée ton image en notre âme

Vois comme la douleur altère notre accent.
Bien qu'un espoir encor plane dans cette chambre
Puisque, ressuscitant de Digne à Saint-Maixent,
Tu renaîtras sans doute à la fin de novembre.

C'est qu'à nous, cas concret, tu viens d'être ravi
Pour jamais ! Notre âme abimée se lamente
Sur ton sort, que la Parque inflexible asservit
Envahissant nos cœurs d'une peine dolente.

Tu nous as donc quittés. En accents éplorés,
Nos lamentations montent vers ta mémoire.
Vois... Nos mains, sur ton front que nous voulons lauré,
Déposent aujourd'hui la couronne de gloire.

(Les pleurenrs inclinent en silence leurs longs rameaux, les déposent
pendant que les O. S., l'arme sous le bras, défilent en pleurant.)

RIDEAU.

CINQUIÈME TABLEAU.

La place Gassendi et la Caserne Desmichels. Nombreux tas de
bouquins et nombreuses malles empilées devant la porte.
Brouhaha, précédant un départ.

Scène Première.

Compère. — Commère. — O. S.

LA COMMERE. — Nous ne saurions assez vous remercier, mes chers amis,
de tous les excellents moments que vous nous avez fait passer,
voyant à votre suite tous les faits marquants de ce C. P. I. Mais
il me semble que dans cet exposé de scènes drôles, vous avez
laissé par trop de côté les camarades élèves.

LE COMPERE. — Mais oui, ma foi. En qualité de vieux Dignois, qui,
chaque soir, pénètre dans les établissements où l'on cause, où
l'on boit, où l'on rit, où l'on joue, je croyais avoir ouï dire qu'il
existait parmi vous quelques phénomènes.

4e O S. — A qui le dites-vous ? La revue serait pleine de tous les menus
incidents qui se déroulent quotidiennement. Mais cela nous ferait
perdre trop de temps. Et comme il faut en toutes choses qu'il y
en ait de dominantes, nous avons songé à résumer en quelques
strophes les caractéristiques de ceux que l'on peut baptiser
phénomènes.

5e O S. — Je ne sais même point si lesdits phénomènes, dont la
renommée est notoire, ne s'offusqueront pas. Mais tant pis ! On
ne saurait avoir de vains scrupules, d'autant plus que nous ne
pouvons faire autrement qu'accéder à vos désirs. Or donc,
écoutez :

Musique. — Air : *Le Régiment moderne.*

Les O. S. (officiers spéciaux).

I.

Venus de tous coins du pays,
Voici, cueillis parmi les groupes
Qui composent le C. P. I.,
Les plus célèbres de la troupe :
Biffins au pantalon flambard
Rougi par la boche aniline,
Zouzous, turcos veufs du falzar
Et marsouins à l'ancre marine

II.

D'abord, voici, *Guerrier* de l'air
Fluet et de face maligne,
Renommé par tout l'univers
Le Don Juan, bourreau de Digne ;
Son rival, un « globe-trotter »
Dont la marche n'a pas de terme,
Sous un visage haut en couleur
N'est guère *Blanchet* d'épiderme.

III.

Mais quel est ce monsieur rasé
Qui frappe le sol en cadence
Et dont le ratelier usé
Laisse filtrer un air de danse ?
Il imite Olive et Charlot.
Il a d'innocentes manies.
Branle la tête et ses bons mots
Sont des bons mots qu'*ah gosse tu nies !*

IV.

Ensuite un sujet peu banal,
Qu'il est superflu que je nomme
Puisque, de l'avis général,
C'est là notre unique grand homme ;
S'il discute, venez le voir,
Quoiqu'il fasse (soit dit sans bile)
Songer à Gauthier-Sans-Savoir
Plutôt qu'à Gautier Théophile.

V.

Couronné d'un képi foulard
Et précédé d'une bedaine,
En rouspétant avec tout l'art
D'un pur collignon de l'Urbaine,
Après un vin blanc, l'œil hardi,
Blonde tête, *Deveaux* s'avance,
Il vient voir ce que *Gassend dit*
Concernant sa convalescence.

VI.

Puis mettant les cœurs en péril
Par sa grâce tout espagnole,
Ma mignonne, voici l'*Abril*
Qui rendra ta pensée frivole.
Quand vers les Rouquets, dans la nu't,
Un zouave part seul en campagne,
Est-ce un « devoar » qui le conduit
Ou le *goût d'aller* en montagne ?

VII.

Voyez aussi nos élégants :
Ce tirailleur à la *peau belle*
Qu'on ne voit jamais sans ses gants
Ni sans sa canne et sou ombrelle.
Sortis tous deux de Saint-Chamond
Sont les foot-balleurs. . de rupture :
Denis fort comme un fils Aymon,
Et *Mourat*, sa caricature.

VIII.

Sous ses cheveux *Lannau*... d'argent
Est un garçon très sympathique
Qui garde sa dernière dent
Aux amphi de mathématiques.
Parlant encor du chien... d'arrêts
Lafosse, d'aisance, rappelle
Que, nom d'un chien ! Buffon cherrait
En l'appelant « l'ami fidèle ».

IX.

Chez le coiffeur du boulevard
Qui donc veut sans miséricorde
Qu'on lui coupe aux Eafants d'Edouard
Le cheveu pour qu'il ne *déborde* ?
Ah ! j'oubliais — où donc est-il ? —
Le plus bruyant des homuncules
Un *Cousin* de dard très subtil
Malgré ses formes minuscules.

X.

Cet autre dont le front pâli
Se plisse en rides hercyniennes
Deviendrait très *fort si au lit*
On le laissait quelques semaines...
Toutefois i faut s'en méfier
Car si du Riff il nous arrive
Il n'est guère *Frigoult*-rifié
Et son humeur est assez vive.

XI.

Mais pourquoi, direz-vous, l'auteur
Pousse-t-il si loin les scrupules
Qu'il omet de mettre en valeur
Aussi ses propres ridicules ?
C'est que — *labor...ie improbus...* —
Sentant sa tâche terminée,
Il craint de rater l'omnibus
Car l'heure H est enfin sonnée.

LA COMMERE. — Parfait. La relation est fidèle. Pour l'homme-oiseau, son vi-age hilare où brille un superbe bridge en or, fait penser à ces beaux livres de prix, reliés en rouge, et que l'on nous donnait jadis à la fin de l'année scolaire.

7e O. S. — Oui, n'est-ce pas ce qui justifie le mot : doré sur tronche.

LE COMPERE. — Sera-ce tout et ne nous expliquerez-vous pas aussi pourquoi, depuis quelque temps, l'on rencontre dans le groupe des huiles un capitaine inconnu, qui porte fièrement l'ancre de marine ?

2e O. S. — Vous confondez, ami. On voit tout de suite que vous avez la vue basse. Ce capitaine là c'est Lefeuvre, vous savez bien Lefeuvre du groupe des A¹ élevé voilà quelque temps à la super-dignité d'officier monté.

10e O. S. — Mais oui, et c'est pourquoi depuis ce jour il a le droit de serrer la main aux « huiles », de promener avec « elles » dans la rue, voire même de déguster un « Cap Corse » à la terrasse du Gassendi.

11e O. S. — Oui et là ne s'arrêtent point les avantages de sa nouvelle situation. Il lui est même arrivé l'autre jour une petite aventure que certains esprits irrévérencieux qualifieraient de désagréable.

Son ex-chef de groupe (son cher camarade à présent) l'invite à déjeuner. Menu somptuaire, malgré les restrictions.

Jusqu'ici c'est très bien, mais là ou cela se corse, c'est quand...

LA COMMERE. — C'est quand....

10e O S. — Mon camarade, devant une aussi nombreuse assistance, se sent ému et je vais terminer pour lui.

C'est quand l'ex-chef de groupe, face réjouie (chaleur communicative du déjeuner) s'écria :

— « Que faites vous tantôt ? » « Rien » « Voulez-vous venir étudier avec moi l'exercice de mercredi ? » « Volontiers ».

Quel honneur, n'est-ce pas ? Avoir été élève et se voir tout d'un coup conseiller technique d'un grand chef. Ancêtres, tressaillez ! Dieux lares, frémissez !

Et les voilà partis. Et c'en était assez pour que le plus petit et le plus rosse de la boîte (la malice seule l'empêcha de grandir) fît une chansonnette. Ouvrez vos oreilles comme des plats à barbe et silence !

Musique. — Air : *Musique de Chambre*

LE NOUVEAU PROMU.

I.	II.
Que faites-vous de votre journée ?	Oui mais après le déjeuner
Disait un jeune capitaine	Le « jouvenceau » rempli d'audace
A un collègue son aîné	Dit à Lefeuvre, pour digérer :
Mais promu depuis une semaine.	Nous pourrons aller voir sur place
— Je ne fait rien — Par conséquent	Le terrain où manœuvreront
Nous pourrons déjeuner ensemble	Les groupes A, sur la tactique.
Et discuter en mastiquant	Mon thème nous compléterons
Du C. P. I., que vous en semble ?	Grâce à votre vieille pratique.

III.

Cela prouve qu'évidemment
Grâce à la troisième ficelle
On peut être immédiatement
Dégagé de toute tutelle,
Et je trouve la conclusion,
Qui n'est ma foi point difficile :
Il fallait un troisième galon
Pour pouvoir rendre Lefeuvre-Utile.

Scène Deuxième.

Les mêmes, plus un O. S.

Il entre, porteur d'une valise, d'une bouée de sauvetage.

LA COMMÈRE. — Où courez-vous ainsi, jeune homme ? Seriez-vous bénéficiaire d'une permission ? Iriez-vous témoigner à un conseil de guerre, ou vous apprêteriez-vous à déserter ?

7° O. S. — Hélas ! non. Ma tenue et ma valise prouvent qu'évidemment j'avais la ferme espérance de fuir ce panorama détesté.

LE COMPÈRE. — Que vous arrive t-il donc de si malencontreux ?

7° O. S. — Voici, en quelque mots. Étant donnés mon état de santé précaire, ma maigreur et mon anémie, un toubib sympathique m'avait ordonné les eaux de Vichy. Il était entendu que je devais partir le 28 août. Tous mes papiers étaient en poche. Et voilà. Maintenant, il faut que j'attende la fin du cours. Aussi suis-je triste et je pleure....

LA COMMÈRE. — Consolez-vous, mon brave, quinze jours sont bien vite passés et il sera temps encore d'aller villégiaturer.

7e O. S. — Ce qui me navre c'est que jamais verre d'eau est passé sous mon nez, et j'étais curieux par-dessus tout de savoir enfin quel goût avait ce liquide incolore.

LE COMPÈRE. — Si toutefois vous êtes si curieux de connaître le goût de *l'aqua simplex*, que n'allez-vous faire la cure chez ma commère dans la Bléone ou aux Bains Thermaux ? Palace superbe, eau sulfureuse, voitures à volonté, etc...

LA COMMÈRE. — Je craindrais que d'un seul coup ce sympathique ami n'assèche mon lit et je ne crois pas que toutes les eaux que je roule suffiraient à remplir son ventre.

2e O. S. — Oui, mon vieux Deveaux. La commère a raison et il est infiniment plus sage d'aller prendre un « Alpin » au café du coin de la place. Et à quoi te servirait de verser des larmes... de veau qu'on a privé de sa mère ?

7e O. S. — Tu a raison, mille fois. La philosophie du vieux marsouin reprend le dessus. Rien ne saurait calmer le chagrin comme un bon gargarisme, et me voilà rasséréné.

En route pour le bistro, tout en chantant :

Musique. — *Air connu.*

J'avais pris ma valise
Pour aller à Vichy
Mais faut que je finisse
Mon stage au C. P. I.

Scène Troisième

Les mêmes. — 2 nouveaux officiers.

1er OFFICIER. — Pardon, madame, n'est-ce pas ici la caserne Desmichels ?

2e OFFICIER. — C'est bien ici que doit avoir lieu la 3e série de cours ?

3e O. S. — Vous confondez, Monsieur. Le C. P. I. de Digne a vécu. Après avoir manœuvré, après avoir enterré le cas concret, nous allons enterrer demain le C. P. I.

A l'encontre des cérémonies habituelles, chacun de nous fuira vers d'autres paysages et notre dispersion seule suffira à faire disparaître le Centre de Perfectionnement d'Infanterie bien nommé.

1er OFFICIER. — Que me voilà navré ! Les camarades de régiment nous avaient dit de si douces choses sur Digne et le centre. Ils nous avaient vanté la beauté du site, le charme des nombreux exercices sur les pitons des alentours, la satisfaction que l'on éprouvait à entendre à l'amphi Clémenceau les conférences documentaires. Ils nous avaient même parlé d'un grand homme, Gassendi, autour de la statue duquel on venait quelquefois après un confortable dîner au buffet de la gare faire de petits discours consécutifs à quelques libations. Ils nous avaient parlé du café Banon et d'un corridor qui est en face.....

3e O. S. — Chut ! Silence. Ne troublez pas les mystères, mais écoutez plutôt.

Musique. — Air : Permissionnaire.

I.	**II.**
Il est à Digne vraiment fameux,	On part parfois le samedi
Le corridor du 42	En permission, jusqu'au lundi ;
Utilisé comme passage	On rencontre en gare de Veynes,
Des gens peu sages (bis)	Ah ! quelle veine ! (bis)
Et l'on voit vers dix heures du soir,	Une mignonne en bleu tailleur
Se glissant douc'ment dans le noir,	Qui est l'objet cher à votre cœur
Un couple d'amoureux noctambules	Et l'on démarre vers Grenoble
Qui se dissimule.	L'allure noble.

..... Mais assez, ami. Vous nous feriez regretter davantage encore de quitter cette préfecture où cinq mois durant, nous avons bûché, sué, pour apprendre beaucoup de choses.

Mais consolez-vous.... Le C. P. I., s'il a vécu à Digne, doit renaître bientôt, là-bas, dans les Deux-Sèvres, à Saint-Maixent, et si vous ne gagnez pas au change, vous n'y perdez pas non plus.

Pour la manœuvre et pour remplacer la Reine-Jeanne, vous aurez la Croupe Pissot ! Pour permettre les démonstrations tactiques, vous aurez, faisant pendant au Rouveiret, le mont Alaric, et, pour remplacer Saint-Pancrace, vous aurez le Puits d'Enfer.

Quant aux grands hommes, il en est un au moins dont la statue, au centre d'une grande place, contemplera vos évolutions, lors de l'I. P. Ce grand homme, c'est Denfert-Rochereau.

Pour les cafés, ceux des Colonnes et des Platanes vous ouvriront leurs portes et si, vrais sybarites, vous êtes fines..... bouches, je vous recommande la pâtisserie de la rue Châlons et les déjeuners au Moulin Denault, dans la forêt de l'Hermitain. Allez en paix.

2e Officier. — Merci, mon cher camarade. Je cours renseigner les copains et leur exposer ce programme alléchant.

10e O. S, — Un instant, ami. Après avoir eu des renseignements sur le cours, je vais vous dire quelques mots sur les officiers de ce cours.

A mes camarades du C. P. I.
R. M.

Ils avaient fréquenté longuement la bataille
De la Marne à l'Yser et de l'Aisne à Verdun
Et chez eux d'âpres jours avaient blanchi plus d'un
Cheveu sombre et courbé plus d'une haute taille.

Ils luttaient avec foi, si bien qu'ayant gravi
Tels échelons dressés en périlleuse place,
Ils n'avaient pas d'orgueil, hors celui de la race,
Quand ils se retournaient sur le chemin suivi ;

Car s'ils étaient entrés dans la plus belle Histoire
Ils savaient que leurs noms, comme ceux des poilus,
Étaient de simples noms qu'on ne redirait plus
Dès que retentiraient les chants de la victoire.

Mais que leur importait qu'on les oublie demain !
C'est afin que tu sois, ô France, bien servie
Qu'ils avaient engagé leur cœur comme leur vie,
Délaissé le fusil et pris l'épée en main.

Et ces bas-officiers ouvraient le bon chemin.

.·.

Soudain un long Pæan éclata dans l'espace,
Tel, du fond des halliers, le plus sonore accent
Qu'un cor jeta jamais, dans le bois frémissant,
Pour annoncer la fin d'une sanglante chasse.

Et la paix descendit sur le monde étonné...
Puis, regagnant bientôt la plaine ou la montagne,
Les soldats de l'Artois, d'Alsace et de Champagne
Reprirent simplement le soc abandonné.

Mais le labeur pour tous n'était pas terminé.

.·.

Vous êtes demeurés, ô promus de la guerre,
Et studieux désormais comme vous étiez forts,
Vous portez votre esprit, par de nouveaux efforts,
Au niveau de ce cœur tant dépensé naguère.

C'est bien. Mais cependant que votre front penché
— Ce front où les combats ont creusé mille rides —
S'incline longuement sur les textes arides,
Pourquoi faut-il encor qu'il vous soit reproché

Par des hommes sans foi, des plumes sans courage,
D'être restés soldats dans l'armée d'aujourd'hui ?
Contre vous quelle haine aveugle les conduit ?
Quel sophisme navrant alimente leur rage ?

Qu'importe, mes amis ! Dans le passé brumeux,
Voyez, du fond des temps, se lever les ancêtres !
Là, votre œil étonné reconnaîtra peut-être
Au rang des illettrés des maréchaux fameux ;

Ceux qu'une fée choisit aux berceaux sans dentelle
Pour les porter un jour aux neiges des sommets ;
Ceux dont le peuple reste orgueilleux à jamais
Parce qu'ils sont issus de sa souche immortelle.

Travaillez, mes amis, au plus noble métier
Et si de bas échos parviennent à l'oreille,
Songez que les enfants d'une lignée pareille,
Tout en restant encor de faibles héritiers,

S'ils n'ont point de blason, ne sont pas sans quartiers.

SCÉNE QUATRIÈME

Compère. — Commère. — O. S.

LA COMMÈRE. — Il est donc vrai, cette fois, que vous allez nous quitter ? Après le mois de prolongation, nous avions espéré en avoir un autre, et comme ça longtemps encore.

11° O. S. — Merci, vous êtes bien aimable. Mais le devoir nous appelle ailleurs.

LA COMMÈRE. — Ce sera dur, n'est-ce pas, mon cher compère, après tant de mois d'activité, où pas un jour ne s'écoulait sans que l'on voie les officiers au travail, de vivre seuls et sans bruit.

LE COMPERE. — Oui, et cette gamme d'uniformes rouges, bleus, noirs, kaki, donnait au paysage des coloris charmants.

LA COMMÈRE. — Enfin, il faut nous résigner et nous espérons que vous n'emporterez point un trop mauvais souvenir de votre séjour ici et que quelque sympathie résistera dans votre cœur à l'éloignement et au temps.

4° O. S. — Oui, hélas, et nous ne saurions nous séparer sans célébrer la beauté dignoise, l'arbitre du bon « Goût », dans deux petits couplets, hommage ému au sexe faible du pays.

Musique. — Air : *La bergère Colinette.*

I.	II.
La plus mignonne fillette	Aussi mignonne que gentille
De ce digne patelin	Elle adore les gâteaux,
Est une jolie brunette	Le champagne qui pétille,
Aux yeux noirs, à l'air mutin.	Les fleurs et puis les oiseaux.
Délicieuse cavalière,	Fragile comme l'églantine,
Elle danse fort gaiement..	Elle promène lentement,
Pendant une nuit entière	S'aidant lorsqu'elle chemine
Gardant son sourire charmant.	D'une canne, sceptre charmant.
Hou, hou (*bis*)	Hou, hou (*bis*)
De ses yeux, tout le monde est fou.	De ses yeux tout le monde est fou.

Scène Cinquième.

Compère. — Commère. — Nombreux O. S.

11e O. S. — Ça y est. J'ai ma permission. Un mois à passer à Paris, avant que de rejoindre Colomb-Béchar !

7e O. S. — Moi. je vais dans le Nord, avant de regagner la lointaine Indo-Chine.

10e O. S. — Moi, je vais goûter au pays du Champagne quelques gouttes de vin. avant que de quitter la France pour longtemps.

8e O. S. — Moi, enfin, je vais revoir la Meuse et ses rives dévastées. cruels souvenirs d'une dure période et d'une gloire mêlée de beaucoup de souffrances. Après, dans la brousse du Togo. j'irai continuer ma vie de voyageur.....

La Commère. — Ainsi cette fois, le sort en est jeté. Comme le vent disperse en tous sens des fétus de paille, vous allez être jetés, de par l'inéluctable loi de la destinée, les uns vers des contrées sauvages, d'autres dans de petites garnisons de province, et tous pour travailler à la même œuvre grandiose : défendre la patrie.

Le Compère. — Il est vrai que pour vous tous ici, le mot Devoir, avec toutes les nécessités, toutes les exigences, qu'il contient, n'est pas un vain mot.

Vous l'avez montré pendant cinq ans, et vous venez de le montrer une fois de plus pendant ces cinq mois.

Avant de vous quitter, je veux vous dire, malgré certaines critiques, toute la douceur que nous avons éprouvée à vous voir lutter, travailler avec cette volonté tenace qui caractérise le Français Et maintenant, au nom de ma commère et au mien, nous vous disons : « Au revoir et bonne chance. »

1er O. S. — Merci de vos paroles si chaleureuses et qui nous vont au cœur. Sous nos airs sceptiques, sous nos paroles railleuses, notre âme vibre et bat, sonore, pleine de l'amour de la France que nous voulons toujours plus grande et plus belle.

Pour cela, nous ne négligerons rien. Et nous avons prouvé, je crois, en ce stage au C. P. I. qui pour nous était l'image de cette France, le thème de l'œuvre à accomplir, que notre volonté ne se relâchait pas. Et en remerciement, en manifestation de gratitude émue envers tous nos chefs et instructeurs, nous saluons Digne et le C. P. I. disparu avec nous en chantant cet hymne vibrant :

Musique. — Air : *Le Rêve passe*

I.

Quand le soleil levant éclaire la montagne
Inondant de ses clairs rayons Digne endormi
Déjà les officiers arpentent la campagne
Pour apprendre comment on combat l'ennemi.
Sur les chemins poudreux, ils vont l'allure fière,
Insensibles au soleil, remplis de volonté,
Voulant connaître à fond la tactique guerrière
Qui permet de lutter.

Refrain

Les voyez-vous, les O. S. de Saintard, la garde !
Ils ont lutté et monté une belle garde.
Ceux de Lebret, de La Tour ont connu la victoire
Et sont venus au C. P. I. couverts de gloire.

II.

Et maintenant après cinq mois où la manœuvre
Utilisa chaque matin tous leurs moments,
Ils sauront tous, si l'heure vient, mettre en œuvre
Tous les efforts, les qualités des régiments.
Ils vont partir aux colonies ou rester en France,
Mais tous emportent au cœur, en quittant le C. P. I.
Une douce vision où fleurit l'espérance :
Défendre le pays.

Refrain.

Les voyez-vous, les O. S. de Saintard, la garde !
Ils ont lutté et monté une belle garde.
Ceux d'Hennegrave, de La Tour ont connu la victoire
Et sont venus au C. P. I. couverts de gloire.

III.

Mais avant de partir, tout pleins de gratitude,
Ils veulent remercier pour ces bons mois d'étude,
Colonel, commandants et nombreux capitaines
Qui, pour les éduquer, prodiguèrent leurs peines,
Et tous en chœur ils chantent gaîment :
Au revoir,
Nous partons,
Ecoutez ! Regardez !

Refrain.

Les voilà tous, les O. S. de Saintard, la garde !
Ils saluent tous le C. P. I. qui les regarde.
Ils ont galons, ils ont la gloire,
Ils nous garderont la victoire !

RIDEAU.

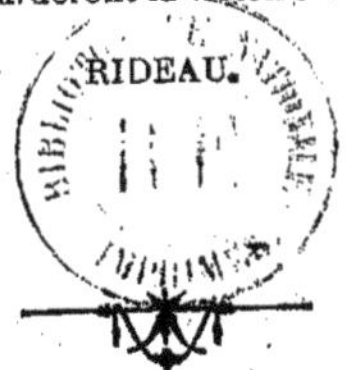